무섭지만 자꾸 듣고 싶은
역사 속 귀신 이야기

무섭지만 자꾸 듣고 싶은
역사 속 귀신 이야기

설흔 글 | 권문희 그림

귀신이다!

들어가는 글

우리 역사 속에 무서운 귀신이 잔뜩 등장한다는 사실,
너희는 알고 있니?
역사책을 펼치면 귀신이 곳곳에서 등장한단다.
귀신은 궁궐에도 있고, 다리 위에도 있고, 방 안에도 있고,
무덤에도 있단다. 심지어는 노래도 하고, 울기도 하고,

말도 하고, 물건도 부수고, 사람들을 툭툭 건드리기도 한단다. 그런데 더 놀라운 건 귀신 놀이를 즐긴 임금님도 있고, 귀신을 신하로 삼은 임금님도 있다는 사실이야. 어때, 무슨 이야기인지 궁금하지? 어서 빨리 읽고 싶지? 대신, 오늘 밤 화장실에 못 가도 나는 책임 못 진다!

차례

들어가는 글 **귀신이다!** 4

첫 번째 이야기
귀신 중의 귀신은 비형랑이래! 8
이야기 속 역사 읽기
진평왕은 왜 비형랑을 궁궐에 데려다 길렀을까?

두 번째 이야기
백제가 망할 즈음에 귀신이 나타났대! 34
이야기 속 역사 읽기
왜 나라가 망할 때가 되면 귀신이 나타나는 걸까?

세 번째 이야기
손돌은 강화도의 귀신이 되었대! 56
이야기 속 역사 읽기
손돌 이야기에 담긴 뜻은 무엇일까?

네 번째 이야기

궁궐 뒤뜰에 귀신이 산대!   72

이야기 속 역사 읽기
왜 세조 임금님 이야기에는 귀신이 자주 등장할까?

다섯 번째 이야기

성종 임금님은 귀신이 없다고 믿었대!   90

이야기 속 역사 읽기
성종 임금님은 왜 귀신을 믿지 않았을까?

역사 이야기를 좋아하는 아이들만 보는 **역사 퀴즈**   104

아직도 **역사 공부**가 더 하고 싶다면   105

역사 용어 풀이   106

첫 번째 이야기

귀신 중의 귀신은 비형랑이래!

신라

미리 말하지만 신라에는 귀신이 참 많았어.
귀신 이야기 좋아하는 너희들을 생각해
이 귀신, 저 귀신, 다 이야기하고 싶은 마음이 굴뚝같단다.
하지만 그러려면 하루, 이틀, 아니 일주일로도 모자랄 거야.
귀신이 얼마나 많았는지 짐작이 가지?
그러니 가장 귀신다운 귀신 한 명만 뽑아서 이야기할게.

진지왕 (?~579년)
신라 제25대 왕

진평왕 (?~632년)
신라 제26대 왕

비형랑 (?~?년)
진지왕의 아들

　내가 뽑은 최고의 귀신은 비형랑이란다. 이름에서부터 뭔가 귀신 같은 느낌을 팍팍 풍기지? 아, 왜 비형랑이 가장 귀신다운 귀신이냐고? 그건 비형랑의 아버지 또한 귀신이기 때문이란다.

　비형랑의 아버지는 신라 제25대 임금님인 진지왕이야. 그런데 죽은 뒤에 귀신의 몸으로 비형랑의 어머니 도화녀를 만났다지 뭐야?

　무슨 일인가 하면 진지왕은 죽은 지 이 년이 지난 어느 날 밤, 도화녀를 찾아와 이렇게 말했어.

"내가 머물러도 되겠느냐?"

도화녀는 깜짝 놀랐지. 어떻게 해야 할지 몰라 아버지에게 가서 말했어. 아버지는 이렇게 말했어.

"비록 귀신이라도 임금님은 임금님이다. 임금님의 명령을 거절해서는 안 된다."

그래서 도화녀는 임금님이 머무르는 것을 허락했어.

임금님이 머무르는 동안, 집에는 오색구름이 가득했고 향기도 났대. 일주일이 지나자 임금님은 연기처럼 사라져 버렸고. 그 뒤 도화녀는 아이를 낳았어. 그 아이가 비형랑이야. 이제 비형랑의 아버지가 귀신이란 말의 뜻을 잘 알겠지?

귀신이 차고 넘친 신라라도 이런 경우는 그리 흔하지 않았어. 지나가다 귀신을 잠깐 만난 것과는 차원이 다른 이야기잖아. 사람들은 이 이야기를 입에서 입으로 전했지.

이 소식은 금세 임금님인 진평왕의 귀에까지 들어갔어. 진평왕은 신하를 불러 이렇게 명령했어.

"비형랑을 데려와라. 궁궐에서 기르겠다."

궁궐에 온 비형랑은 무럭무럭 자라서 열다섯 살이 되었어. 진평왕은 어엿한 소년이 된 비형랑에게 집사 벼슬을 내렸단다.

그런데 비형랑에게는 한 가

집사 임금님을 모시며 자질구레한 일들을 하는 신라 시대의 벼슬자리를 말해요.

지 특이한 버릇이 있었어. 뭐냐 하면 밤마다 궁궐을 빠져나갔다가 새벽이 되어서야 돌아오는 거야. 진평왕은 걱정이 되기도 하고 궁금하기도 해서 비형랑을 불러 물었어.

"넌 도대체 밤이면 밤마다 어디를 다녀오는 게냐?"

비형랑은 씩 웃기만 할 뿐 대답을 하지 않았어. 그래서 진평왕이 어떻게 했는지 아니? 힘센 부하들 쉰

명을 비형랑 곁에 두었지. 아마 진평왕은 이렇게 생각했을 거야.

'아무리 귀신이라도 무슨 수가 있겠어?'

그런데 웬걸, 비형랑은 그날 밤에도 궁궐을 빠져나갔어. 어떻게 빠져나갔느냐 하면 날개도 없는데 훌쩍 날아서 빠져나갔어.

진평왕이 붙여 놓았던 힘센 부하들은 깜짝 놀랐어. 몇 명은 너무 놀라서 그 자리에 푹 쓰러지기도 했지. 담력이 보통을 넘는 힘센 부하 몇 명만 뒤를 급하게 쫓았지.

비형랑이 멈춘 곳은 황천 언덕이었어. 비형랑을 쫓아온 힘센 부하들은 숨을 헉헉거리며 수풀 속에 숨었어. 비형랑은 그 사실을 아는지 모르는지 씩 웃었

지. 그러더니 갑자기 노래를 불렀어. 별로 큰 소리로 부르는 것도 아니었는데, 그 노래를 들은 힘센 부하들의 가슴이 덜덜 떨리는 거 있지? 놀란 가슴 진정하기도 전에 휙휙, 여기저기에서 바람 소리 비슷한 소리가 났어. 힘센 부하들은 혼비백산해서 손으로 얼굴을 가리고 손가락 틈으로 비형랑을 살펴봤어.

비형랑은 혼자 있는 게 아니었어. 무슨 말인가 하

면, 비형랑 주위를 귀신들이 잔뜩 둘러싸고 있었던 거야. 귀신들도 비형랑처럼 노래를 부르는데 그 소리가 또 얼마나 무서웠는지 아니? 힘센 부하들 중 절반은 기절을 했어. 나머지 절반은(정말 용감한 사람들이지?) 무서움을 꼭 참고 비형랑과 귀신들을 지켜보았지.

비형랑과 귀신들은 함께 춤도 추었어. 손도 꺾고, 발도 꺾고, 목도 앞뒤로 돌리며 사람들은 도저히 흉내 낼 수 없는 이상한 동작으로 춤을 추었어. 그런데 그 웃기고 이상한 춤이 보면 볼수록 무서워지는 거 있지?

무서워서 조금도 더 머물러 있기 힘들어졌을 무렵 땡, 땡, 땡, 종소리가 났어. 새벽 예불 시간이 되어

예불 절에서 부처님을 모시는 의식을 말해요.

절에서 울리는 종소리였어. 귀신들은 하나둘 사라지고, 남은 건 비형랑뿐이었지. 비형랑은 히히히 요상하게 웃으며 부하들 있는 곳을 쳐다보더니 휙, 날아가 버렸지.

힘든 밤을 보낸 부하들은 터덜터덜 걸어서 궁궐로 돌아왔어. 그러고는 진평왕을 찾아가 자신들이 본 것을 그대로 이야기했어. 물론 그중 몇몇은 좀 과장해서 이야기했지. 왜 그랬냐고? 그래야 자기들이 얼마나 힘들었는지 임금님이 알아줄 것 아니야.

힘센 부하들이 물러간 뒤 진평왕은 곰곰 생각했어. 한참을 생각, 또 생각하다가 비형랑을 불렀어.

"네가 귀신들과 밤새 논다는 게 사실이냐?"

비형랑은 씩 웃으며 대답했어.

"그렇습니다."

진평왕은 잠깐 생각하다가 이렇게 말했어.

"왕족인 네가 귀신들과 어울려서야 되겠느냐?"

비형랑은 이번에도 씩 웃으며 대답했어.

"저도 귀신인데요."

진평왕은 또 잠깐 생각하다가 이렇게 말했어.

"아무리 귀신이라도 넌 왕족이지 않느냐? 왕족이라는 신분에 걸맞게 뭔가 쓸모 있는 일을 해야지, 매일 놀기만 해서야 되겠느냐?"

비형랑은 아무 대답 없이 그저 씩 웃었어.

진평왕은 이번에도 잠깐 생각하더니 이렇게 말했어.

"신원사 개천에 다리를 놓아라."

비형랑도 또 씩 웃으며 대답했어.

"알겠습니다."

다음 날 아침, 비형랑이 진평왕을 찾아왔어. 비형랑은 씩 웃으며 말했어.

"다리를 다 놓았습니다."

진평왕은 비형랑의 말에 깜짝 놀랐어.

"벌써 다 놓았느냐?"

"네, 그렇습니다. 귀신들 중에도 일 잘하는 귀신들이 꽤 있답니다."

진평왕은 잠깐 생각하다가 이렇게 말했어.

"잘했다. 내 그 다리를 '귀신 다리'라고 부르겠다. 괜찮겠느냐?"

비형랑은 아무 대답 없이 그저 씩 웃었어.

진평왕은 또 잠깐 생각하다가 이렇게 말했어.

"그런데 일 잘하는 귀신들 중에 궁궐에 와서 일할 만한 귀신은 없느냐?"

"있지요."

"그게 누구냐?"

"길달이라는 귀신이 있는데 꽤 똑똑합니다."

"그럼 데리고 와 보아라."

다음 날 아침, 비형랑이 진평왕을 찾아왔어. 길달과 함께였지. 진평왕은 길달을 이리저리 살폈어. 귀신치고는 말끔해 보였어. 만날 씩 웃기만 하는 비형랑보다 대답도 싹싹하게 잘했지.

진평왕은 길달에게 말했어.

"너에게 집사 벼슬을 내릴 테니 궁궐에서 일해 보겠느냐?"

길달은 고개를 푹 숙이더니 대답했어.

"열심히 해 보겠습니다."

몇 달이 지났어. 그동안 진평왕은 길달을 눈여겨보았어. 덜컥 벼슬을 내리긴 했지만 조금 걱정이 되었던 건 사실이었거든. 그런데 길달은 열심히 일했어. 길달을 보고 마음을 바꿨는지 비형랑도 전보다는 고분고분해졌지. 진평왕은 한 신하를 불렀어.

"아들이 없다면서?"

"네."

"길달을 아들로 삼으면 어떻겠소?"

"감사합니다."

그 신하가 정말로 좋아서 그렇게 말했는지는 모르겠어. 아무리 말끔하고 일을 잘한다고 해도 길달은 귀신이었으니까 말이야.

아무튼 길달을 아들로 들인 신하는 길달을 시험해 보려고 했는지 일을 하나 시켰어. 신하의 명령은 이랬어.

"흥륜사 앞에 문을 세워라."

부지런한 길달은 하룻밤 만에 문을 세웠어. 신하는 길달더러 밤낮으로 그 문을 지키라고 했지. 길달은 날마다 문 위에서 자며 그 문을 지켰어. 그래서 사람들은 그 문을 '길달문'이라고 불렀지.

그런데 어느 날, 일이 생겼어. 길달이 도망을 간 거야. 무슨 일인지 알아보려고 비형랑이 흥륜사에 갔어. 스님 한 분이 다가와 말했어.

"길달이 갑자기 여우로 변하더니 사라졌습니다."

비형랑은 곰곰 생각하다 노래를 불렀어. 휙휙, 여기저기에서 바람 소리 비슷한 소리가 나더니 귀신들이 하나둘 모여들었어. 비형랑은 귀신들에게 말했어.

"길달이 도망갔다. 가서 잡아 와라."

얼마 뒤 귀신들이 여우 한 마리를 잡아 왔어. 비형랑이 어떻게 했는지 아니? 조금 잔인한 이야기인데, 비형랑은 여우를 죽여 버렸대. 아마도 그는 길달이 자신을 배신했다고 생각했던 것 같아. 이게 바로 귀신 중의 귀신인 비형랑에 대한 이야기란다.

아, 중요한 이야기를 하나 빼먹을 뻔했네. 뭐냐 하면 그 이후로 신라 사람들은 저마다 집 앞에 이런 글을 써서 붙여 놓았대.

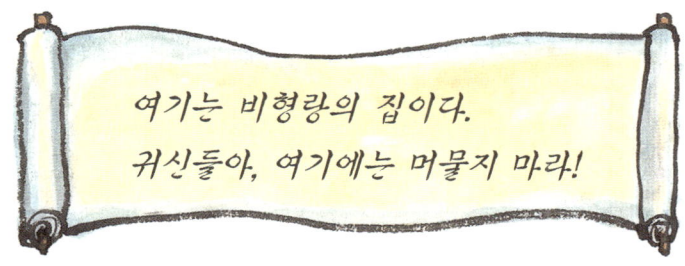

여기는 비형랑의 집이다.
귀신들아, 여기에는 머물지 마라!

이야기 속 역사 읽기

진평왕은 왜 비형랑을 궁궐에 데려다 길렀을까?

> 진평왕은 비형랑을 궁중에 데려다 길렀다. 나이 열다섯 살이 되어 집사 벼슬을 주었더니 밤마다 멀리 도망가서 놀았다. 왕은 힘센 부하들 쉰 명을 두어 지키게 했는데 번번이 궁궐을 날아 넘어가 황천 언덕에서 귀신을 데리고 놀았다.
>
> 『삼국유사』 중에서

비형랑 이야기 재미있게 읽었니? 역사가 아니라 그냥 한 편의 옛날이야기 같다고? 그렇지. 옛날이야기이지. 하지만 『삼국유사』의 이야기가 대개 그렇듯 우리 역사와 전혀 관계없는 이야기는 아니란다.

진평왕은 왜 비형랑을 궁궐로 불러들였을까?

자, 가장 중요한 부분부터 살펴보자. 비형랑은 왜 하필 진지왕의 아들로 등장하는 걸까?

사실 진지왕은 임금님답지 못한 행동을 많이 했다는 이유로 임금님의 자리에서 쫓겨난 사람이야. 그 뒤를 이어 임금님이 된 사람이 바로 조카였던 진평왕이지. 그런데 진평왕은 임금님이기는 했지만 그다지 힘이 세지는 않았던 것 같아. 신라에는 임금님의 자리에서 쫓겨난 진지왕의 편을 드는 이들이 꽤 많았기 때문이야. 그들은 진평왕이 진지왕의 임금님 자리를 빼앗았다고 여겼거든.

이제 진평왕이 왜 비형랑을 궁궐로 불러들였는지 알겠니? 그래, 진평왕은 사촌 동생인 비형랑을 통해 진지왕의 편에 서는 이들을 자기편으로 끌어들이려 한 거야.

비형랑은 왜 '귀신'으로 등장했을까?

사촌 동생인 비형랑을 통해 진지왕의 편에 서는 이들을 자기편으로 끌어들이려고 한 진평왕의 작전은 꽤 성공적이었어. 천방지축이던 비형랑이 마음을 바꿔 진평왕을 돕는 걸 보면 알 수가 있지.

비형랑이 사람이 아닌 '귀신'으로 등장하는 이유도 설명이 된단다. 비형랑은 쫓겨난 임금님의 자식이었어. 그러니까 신라 사회에서 떳떳하게 살아갈 수 있는 존재가 아니었던 거지.

물론 이건 지금 사람들의 생각이란다. 그 당시 신라에서 실제로 어떤 일이 있었는지는 아무도 모르지. 비형랑이 어쩌면 진짜 귀신이었을 수도 있고!

왜 귀신을 '두두리'라고 했을까?

한 가지만 더 이야기하고 마칠게. 신라 사람들은 비형랑 이후로 귀신을 '두두리'라고 불렀어. 어떤 학자는 비형랑 무리가 건축과 관련된 일을 했기 때문에 그런 이름이 붙었다고 생각해. 돌이나 나무 등을 두드린다는 데에서 그 이름이 왔다고 보는 거지.

그런데 두두리는 고려에도 있었어. 『고려사』에 보면 고려 장군 이의민이 매일같이 두두리에게 절하고 빌었다는 내용이 나와. 그러니까 이의민은 귀신을 섬겼던 거지.

이의민 무신 출신으로 십 년 넘게 고려의 권력을 쥐고 흔들었던 사람이에요.

생각하는 역사왕

- 진평왕은 왜 길달 같은 귀신을 부하로 두려 했을까?

두 번째 이야기

백제가 망할 즈음에 귀신이 나타났대!

백제

너희도 신라가 당나라와 손을 잡고
백제를 멸망시켰다는 사실이나
백제의 마지막 임금님이
의자왕이라는 사실 정도는 알고 있지?
하지만 백제의 멸망에 귀신들이
힘을 보탰다는 사실은 몰랐을 거야.
무슨 일인지 궁금하다고? 그럼 이제부터 잘 들어 봐.
사람도 아닌 귀신들이 백제가 멸망할 때
도대체 무슨 일을 했는지 말이야.

의자왕 (?~660년)
백제의 마지막 왕

성충 (?~656년)
백제의 충신

　너희는 의자왕 하면 제일 먼저 뭐가 떠오르니? 모르긴 몰라도 별로 좋은 내용은 아닐 거야. 의자왕이 나라를 잘 다스리지 못해서 백제가 멸망했다고 알고 있을 테니까 말이야.

　그런데 의자왕이 처음부터 형편없는 임금님은 아니었어. 태자일 때는 효성이 깊고 형제들과도 사이가 좋았대. 또 총명하고 결단력이 있어서 그를 칭찬하는 소리가 두루두루 많았다고 해. 임금님이 되고 나서도 몇 년 동안은 열심히 나라를 다스렸어.

그래서 사람들은 의자왕을 '해동의 증자'라고 불렀단다. 여기에서 해동은 백제이고, 증자는 공자님의 제자들 중 뛰어난 제자로 손꼽히는 사람을 뜻해. 그러니까 의자왕이 백제 땅에서 난 훌륭한 사람이라는 뜻이지.

그런데 의자왕은 변해 갔어. 한 해, 두 해, 시간이 지날수록 조금씩 조금씩 나쁜 임금님으로 변해 갔지. 임금님이 된 지 십육 년이 되었을 때는 나빠질 대로 나빠져서 나라 다스리는 일은 뒷전이고, 하루 종일 술 마시고 춤추면서 놀기만 했대.

성충이라는 신하가 이를 보다 못해 의자왕에게 나아가 말했어.

"술을 줄이시고, 나랏일에 더 힘을 쏟으십시오."

참 옳은 말이지? 그런데 이 말을 들은 의자왕은 성충을 감옥에 가두었대. 그냥 가둔 게 아니라 가둬 놓고 밥도 주지 않았대. 성충은 굶어 죽기 전에 의자왕에게 보내는 글을 한 편 썼어.

몇 해 뒤 큰 전쟁이 일어날 것입니다. 백강과 탄현을 반드시 지켜야 나라를 지킬 수 있습니다.

의자왕은 어떻게 했을까? 흥, 코웃음 치고는 그 글을 찢어 버렸대.

백강 백강은 금강 하류의 강으로, 백마강이라고도 해요.
탄현 탄현은 지금의 대전과 충북 사이에 있던 고개 이름이에요.

몇 해가 더 흘렀어. 의자왕이 임금님이 된 지 이십 년 되던 해 봄, 참으로 이상한 일이 일어났어. 우물 물이 갑자기 핏빛으로 변한 거야. 사람들은 깜짝 놀랐어. 그런데 놀란 가슴을 진정시키기도 전에 더 이상한 일이 일어났어.

이번에는 두꺼비와 개구리 수만 마리가 나무란 나무에는 죄다 올라가 울었대. 사람들은 정말 깜짝 놀

랐어. 너희도 한번 생각해 봐. 두꺼비 수만 마리와 개구리 수만 마리가 동시에 개굴개굴 굴굴구굴 우는 모습을……. 정말 끔찍했겠지?

놀라서 도망가는 사람들도 있었어. 개구리와 두꺼비가 달려든 것도 아닌데 지레 놀라서 도망갔어. 한두 사람이 도망가니까 서너 사람이 뒤를 따랐고, 곧 수많은 사람들이 한꺼번에 도망을 갔대. 그러다 보니 넘어지고 구르고 소리 지르고 한바탕 난리가 났어. 죽은 이들도 여럿 있었지.

그런데 이상한 일은 이걸로 끝이 아니었어. 이번에는 바닷가에 조그만 물고기들이 떼로 몰려와 죽은 거야. 사람들은 물고기를 잡아먹었어. 삶아도 먹고, 구워도 먹고, 쪄서도 먹었어. 그런데 아무리 먹어도

물고기가 줄어들지 않는 거 있지?

이 소식은 의자왕의 귀에도 들어갔어. 신하들이 의자왕에게 말했어.

"요즘 이상한 일이 참 많이 일어나고 있습니다. 아무래도 큰일이 날 것 같습니다."

하지만 의자왕은 천하태평이었단다. 배를 두드리며 이렇게 말했지.

"뭐 큰일이야 있겠느냐?"

바로 그때, 의자왕을 비웃기라도 하듯 이상한 울음소리가 들려왔어. 밖에 있던 병사들이 의자왕에게 달려와 외쳤지.

"난생 처음 보는 괴물이 궁궐을 향해 울부짖고 있습니다."

이 이야기에는 의자왕도 몸을 움찔했지. 의자왕은 몸을 일으켜 궁궐 밖으로 나갔어. 하지만 밖에는 아무것도 없었단다. 의자왕이 병사들에게 물었어.

"어찌된 것이냐?"

"금방 사라졌습니다."

"어떻게 생긴 괴물이더냐?"

"사슴 같기도 하고, 개 같기도 했습니다."

의자왕은 으흠, 신음 비슷한 소리를 내곤 수염을 쓰다듬었어. 그러고는 이렇게 말했어.

"별일도 아니로구나."

다시 궁궐로 들어온 의자왕이 엉덩이 붙이고 앉기도 전에 신하가 뛰어들어 왔어.

"귀신이, 귀신이 나타났습니다."

"뭐라고? 귀신이?"

의자왕은 허겁지겁 자리에서 일어나 신하의 뒤를 따랐어. 신하는 궁궐 마당을 가리키며 말했어.

"귀신이 나와 뭐라고 말하더니 이 안으로 들어갔습니다."

"뭐라고 말하더냐?"

신하는 곧장 대답하지 않고 꾸물거렸어. 의자왕이 어서 말하라고 재촉하자, 그제야 대답했지.

"'백제가 망한다! 백제가 망한다!' 이렇게 말했습니다."

의자왕은 곧바로 명령을 내렸어.

"이곳을 파 보아라."

신하 여럿이 달려들어 땅을 팠어. 한참을 팠더니

뭐가 나왔는지 아니? 바로 거북이었어.

거북이의 등에는 이런 글이 적혀 있었어.

백제는 둥근달과 같고,

신라는 초승달과 같다.

알쏭달쏭한 글이지? 의자왕도 신하들도 알쏭달쏭하긴 마찬가지였나 봐. 다들 그 글을 보며 고개를 이리저리 갸웃거리고만 있었지.

의자왕이 잠깐 고민하더니 이렇게 말했어.

"무당을 불러와라."

잠시 뒤 무당이 왔어. 무당은 그 글을 한참 보고는 자기 생각을 밝혔어.

"둥근달은 가득하다는 뜻입니다. 하지만 며칠 뒤

면 기울게 되지요. 초승달은 아직 가득하지 않다는 뜻입니다. 하지만 며칠 뒤면 가득하게 되지요."

의자왕이 듣다 말고 말했어.

"그래서 그게 무슨 뜻인가?"

무당이 천천히 말했어.

"말씀드리기 좀 그렇지만, 백제의 앞날은 어둡고 신라의 앞날은 밝다는 뜻입니다."

그 말을 들은 의자왕이 어떻게 했는지 아니? 그 자리에서 무당을 죽여 버렸대. 그 광경을 본 신하 한 명이 조심스럽게 나섰어.

"둥근달은 환하고 강한 달입니다. 초승달은 어둡고 약한 달입니다. 그러니까 백제는 강하고, 신라는 약하다는 뜻입니다."

그제야 의자왕은 박수를 치고 큰 소리로 껄껄 웃으며 말했어.

"과연 옳은 말이로다. 내 너에게 높은 벼슬을 내리겠다."

이렇게 해서 무당은 목숨을 잃고, 신하는 큰 상을 받게 되었단다. 그런데 무당과 신하 중 누구 말이 맞았을까?

몇 달 뒤, 신라가 당나라와 손을 잡고 백제를 공격했어. 백제는 어떻게 맞섰을까?

백제는 백강과 탄현을 그냥 내주었어. 싸워 보지도 않고서 말이야. 계백 장군이 부하 오천 명을 이끌고 목숨 바쳐 싸웠지만 백제를 구할 수는 없었어.

이렇게 해서 백제는 멸망하고 말았단다. 이게 바로 백제가 멸망할 즈음에 나타난 귀신들이 한 일이야.

이야기 속 역사 읽기

왜 나라가 망할 때가 되면 귀신이 나타나는 걸까?

> 귀신 하나가 궁궐에 나타나 "백제가 망한다! 백제가 망한다!"라고 외치고는 땅속으로 사라졌다. 왕이 사람을 시켜 땅을 파게 하니 거북이가 나왔다. 거북이의 등에는 글이 적혀 있었다.
> '백제는 둥근달과 같고, 신라는 초승달과 같다.'
>
> 「삼국사기」 중에서

의자왕에 관한 기록을 읽다 보면 항상 고개를 갸웃거리게 돼. 그러면서 이렇게 묻곤 한단다.
'사람이 어떻게 이렇게 달라질 수 있을까?'
무슨 말인가 하면, 처음 몇 년간의 기록만 보면 의자왕은 아주 훌륭한 임금님이었어. 나라를 위해 쉬지 않고 일했으니까 말이야. 해동의 증자라는 말도 그래서 나왔을 거야.

그런데 십 년이 지나면 그런 내용은 싹 사라지고 나쁜 내용만 나와. 궁궐을 화려하게 고치고 놀기 좋아하며 신하들의 말은 듣지도 않는 이상한 임금님이 되어 버린 거야.

너희에게 물어보고 싶어. 의자왕은 실제로는 어떤 임금님이었을까?

의자왕은 실제로 어떤 임금님이었을까?

의자왕이 임금님 자리에 있던 내내, 좋은 임금님만은 분명 아니었을 거야. 다만 『삼국사기』를 지은 김부식의 고향이 경주였다는 점, 김부식이 신라를 유독 높게 평가했다는 점만은 기억하고 넘어갈 필요가 있단다. 팔이 안으로 굽는다는 말이 있듯 김부식 또한 자기도 모르게 신라 편을 들었을 가능성이 있다는 말이지. 『삼국사기』의 내용이 다 잘못되었다는 뜻은 물론 아니란다.

왜 나라가 망할 때가 되면 귀신이 나타나는 걸까?

그럼 귀신 이야기는 어떨까? 백제의 궁궐에 정말로 귀신이 나왔을까? 너희는 어떻게 생각하니? 뭐라 답하기 참 어렵지? 그런 너희를 위해 다른 기록을 하나 소개할게.

> 사람들이 수군거렸다. '신령한 사람이 나타나서 임금과 신하들의 사치가 너무 심하니 곧 나라가 망할 것이다.'라고 말했기 때문이었다.
>
> 『삼국사기』 중에서

어때? 신령한 사람을 귀신으로 바꾸면 백제의 상황과 굉장히 비슷하지? 또 다른 내용도 있어.

> 하늘에서 금속 비가 내렸다…… 평양의 강물이 사흘 동안 핏빛이 되었다.
>
> 『삼국사기』 중에서

평양이란 지명에서 알 수 있듯 이건 고구려가 멸망할 즈음의 이야기야. 나라는 다른데 일어난 일은 꽤 비슷하지?

너희는 여기에 대해서는 어떻게 생각하니? 왜 나라가 망할 때가 되면 귀신이 나타나는 걸까? 참고로 말하자면 옛날 사람들은 임금님이 잘못을 하면 하늘에서 징조를 보여 준다고 믿었단다. 친절하게 힌트도 주었으니 각자 잘 생각해 보렴.

생각하는 역사왕

- 의자왕은 왜 성충의 말을 듣지 않았을까?

세 번째 이야기

손돌은 강화도의 귀신이 되었대!

고려

너희는 강화도에 가 본 적 있니?
아마 다들 차를 타고 갔을 거야. 강화도는 섬이지만
지금은 육지와 다리로 연결되어 있거든.
하지만 옛날에도 그랬던 것은 아니었어.
반드시 배를 타고 가야 했고, 가는 길도 제법 험했지.
가장 험한 곳이 손돌목이었어.
한눈을 팔았다간 바다에 빠지기 십상이었지.
그런데 이곳을 손돌목이라 부르게 된 데에는
특별한 사연이 있어. 어떤 사연인지 한번 들어 볼래?

고종 (1213~1259년)
고려의 제23대 왕

손돌 (?~?년)
뱃사공

고려에 전쟁이 났어. 원나라가 쳐들어온 거야. 고려군은 온 힘을 다해 맞섰지. 그러나 원나라를 이길 수는 없었어. 그 당시 원나라는 세계에서 가장 힘이

센 나라였거든. 그래서 어떻게 했는지 아니? 고려의 임금님은 바다 건너 강화도로 잠깐 피신하기로 했어. 원나라 병사들은 바다에 익숙하지 않았거든. 그래서 강화도에 머물면서 버틸 때까지 버텨 보려고 한 거야.

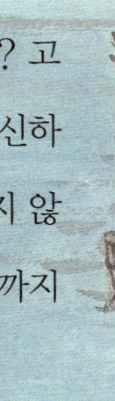

　임금님은 강화도로 들어가는 배를 타기 위해 포구로 갔어. 그런데 포구에는 배가 별로 없었어. 백성들도 모두 원나라 병사들을 피해 강화도로 들어가려 했거든. 다들 사정이 급하니까 임금님이고 뭐고 없었던 거야.

그래도 그중에는 임금님을 알아보는 사공이 한 명 있었어. 그 사공의 이름은 손돌이었지. 손돌은 임금님 앞으로 배를 끌고 와서 이렇게 말했어.

"제 배에 타십시오."

배는 낡고 작았지. 하지만 배의 상태를 따질 때가 아니었어. 임금님은 서둘러 배에 올라탔어. 임금님을 모시는 신하들도 함께 탔어.

임금님은 위엄 있는 목소리로 말했어.

"나중에 너에게 큰 상을 내리겠다. 어서 가자."
손돌은 있는 힘을 다해 노를 저었어. 바다에는 거센 바람이 불고, 바람 따라 파도도 높게 쳤어.

임금님은 겁이 덜컥 났어. 하지만 임금님 체면에 신하들 앞에서 덜덜 떨 수는 없었지. 그래서 이 악물고 괜찮은 척했지. 그런데 가만 보니 배가 나아가는 방향이 좀 이상했어. 파도가 세고, 물살이 빠른 쪽으로 자꾸만 나아가는 거야. 임금님이 말했어.

"너무 위험한 것 아니냐?"

손돌이 노를 저으며 대답했어.

"괜찮습니다."

하지만 임금님은 하나도 괜찮지 않았어. 가슴이 두근두근 빠르게 뛰었어. 임금님은 속으로 이렇게 생각했지.

'혹시 저놈이 원나라 편인가?'

사실 임금님은 백성들에게 그리 좋은 임금님은 아

니었어. 나라를 다스리기보다는 노는 데 더 훨씬 관심이 많았거든. 임금님은 아무래도 불안했는지 이렇게 말했어.

"네 이놈, 어서 배를 다른 쪽으로 몰아라."

"예?"

손돌이 깜짝 놀라 고개를 돌렸어. 분위기가 심상치 않음을 깨달은 손돌이 말했어.

"물살이 빨라 보여도 이 길이 가장 안전합니다."

그러자 옆에 있던 신하들이 거들고 나섰어.

"배를 돌리라고 말씀하셨다!"

하지만 손돌은 고개를 저었어.

"지금 돌리면 오히려 위험합니다."

손돌이 말을 듣지 않자, 임금님은 신하들에게 명

령을 내렸어.

"저놈을 잡아라. 저놈은 원나라 첩자가 분명하다."

손돌은 아니라고 말했지만 신하들은 듣지 않았어. 임금님은 신하들에게 손돌을 죽이라고 명령했어. 신하 한 명이 나서서 칼을 빼 든 순간, 손돌이 말했어.

"드릴 말씀이 있습니다."

"무엇이냐?"

"제가 죽으면 바다에 바가지를 띄우십시오. 그 바가지를 따라 배를 몰면 안전······."

신하는 손돌의 말이 채 끝나기도 전에 손돌의 목을 쳤어.

손돌이 죽은 뒤, 신하들 중 한 명이 배를 조종했는데 좀처럼 방향을 잡지 못했어. 신하가 갈팡질팡하

첩자 나라의 중요한 일을 다른 나라에 몰래 알려주는 사람을 말해요.

는 동안 바람이 더 거세졌어. 파도도 더 높아졌고 물살도 더 빨라졌지. 그대로 두었다가는 배가 뒤집힐 것 같았어. 위급한 순간, 임금님은 손돌이 한 말이 퍼뜩 생각났어.

"바가지를…… 어서 바가지를 띄워라!"

신하들은 황급히 바가지를 던졌어. 배를 조종하는 신하는 바가지만 쫓아갔어. 그런데 신기하게도 바가지를 따라가자 배가 덜 흔들렸고, 속도도 빨라졌어. 얼마 뒤 배는 강화도에 무사히 도착했어. 임금님은 배에서 내리자마자 이렇게 말했어.

"손돌을 저 언덕 위 양지바른 곳에 묻어 주어라."

신하들이 나서서 손돌을 묻었어. 무덤이 완성되자 임금님은 손돌의 무덤에 절을 하고 이렇게 말했지.

"미안하오. 내 그대를 오해했소."

임금님의 말이 끝나자 바람이 거세게 휘 불었어. 임금님은 손돌의 무덤을 한참 동안 바라보다가 신하들에게 말했어.

"해마다 손돌에게 제사 지내는 것을 잊지 마시오."

그 뒤로 어떤 일이 벌어졌는지 아니? 해마다 손돌이 죽은 날이 되면, 손돌 귀신이 무덤 주변에 나타나 꺼이꺼이 소리 내어 운대. 그러다가 사람들이 제사를 지내면 고개 한 번 끄덕이고는 사라진대.

아, 중요한 이야기를 깜박했네. 손돌이 바가지를 띄우라고 했던 그곳을 뭐라고 부르는지 아니? 손돌의 목을 벤 곳이라고 해서 '손돌목'이라고 한단다.

이야기 속 역사 읽기

손돌 이야기에 담긴 뜻은 무엇일까?

> 강화도의 손돌목은 뱃길이 험하기로 이름이 높다. 배를 타고 오르내리며 돌을 던져 보면 돌이 부서져 버릴 정도이다.
>
> 「승정원일기」 중에서

손돌 이야기 잘 읽었니? 참 안타까운 이야기이지?
 미리 말하자면 손돌 이야기는 전설이란다. 손돌이라는 사람이 있었는지 없었는지는 확실치가 않다는 뜻이지. 하지만 고려의 임금님이 강화도로 피난 간 것은 실제로 있었던 일이야. 그러니까 이 이야기에는 나라를 제대로 지키지 못했던 임금님에 대한 원망이 담겨 있다고 할 수 있지.

옛날 사람들은 손돌을 잊지 않으려고 했어

왕에게 충성을 바치려다 목숨을 잃은 손돌이 불쌍해서일까? '손돌'이라는 이름은 여러 곳에 붙어 있단다. 음력 10월 20일 경에 부는 바람을 '손돌 바람'이라고 해. 또 그때가 되면 갑자기 추워지곤 하는데 그 추위를 '손돌 추위'라고 불러.

늦가을 갑자기 추워지는 날이 오면 너희가 '손돌'이라는 이름을 한 번씩 불러 줄래? 그러면 바람이 약해지고 추위가 좀 풀릴지도 몰라.

생각하는 역사왕
- 고종 임금님은 왜 손돌의 말을 듣지 않았을까?
- 해마다 손돌 귀신이 나타나는 이유는 무엇일까?

네 번째 이야기

궁궐 뒤뜰에 귀신이 산대!

조선

조선의 세조 임금님에 대해 들어 봤니?
혹시 세종 임금님 아니냐고?
아니, 세종 임금님 말고 세조 임금님 말이야.
세종 임금님의 손자인 단종 임금님 대신에
임금님이 된 세조 임금님 말이야.
이 세조 임금님은 귀신 놀이를 즐겼대.
귀신 놀이가 뭔지 궁금하다면 이 이야기를 한번 읽어 봐.

세조 (1417~1468년)
조선 제7대 왕

최호원 (1431~?년)
조선의 관리

안효례 (?~?년)
조선의 관리

　세조 임금님은 활도 잘 쏘고, 말도 잘 탔어. 성격도 굉장히 시원시원해서 신하들에게 인기가 높았지. 기분이 좋으면 신하들과 농담도 자주 주고받았단다. 물론 화가 나면 정말로 무서웠지만 말이야.
　이 세조 임금님이 특히 아끼던 신하들이 있었어. 바로 최호원과 안효례야. 두 사람은 풍수에 능한 이들이었어. 세조 임금님은 풍수에 대한 관심 또한 남

풍수 집이나 무덤 등의 방향, 위치 등을 살펴 좋고 나쁨을 가리는 학문을 말해요.

달랐던 터라 틈만 나면 두 사람을 불러다 이야기를 듣곤 했지.

그런데 두 사람은 우스운 짓도 참 잘하는 이들이었어. 어느 날에는 임금님 앞에서 이야기를 하다가 둘이 싸움이 붙었어. 내가 옳으니 네가 그르니 하고 한참 싸움을 한 끝에 최호원이 안효례에게 이렇게 말했어.

"너는 백정의 손자다."

조선 시대의 백정은 천한 사람 취급을 받았어. 그러니까 백정의 손자라고 한 건, 아주 심한 욕이었지. 안효례도 가만히 당하고만 있지 않았어.

"그럼 너는 내 아들이다."

두 사람의 다툼에 다른 신하들은 깜짝 놀랐어. 임금님 앞에서 싸움을 벌인 것도 모자라, 상대를 백정이라 부르며 싸우다니 그들로서는 상상도 못할 일이었지. 신하들은 한목소리로 임금님에게 말했어.

"저들이 참으로 예의를 모릅니다. 벌을 주십시오."

그런데 세조 임금님이 뭐라고 답했는지 아니? 허허 웃더니 이렇게 말했대.

"원래 웃기는 이들이니 그냥 두어라."

백정 가축을 죽이는 일을 하는 사람이에요. 조선 시대에는 천민의 대우를 받았어요.

신하들이 두 사람에게 벌을 주라고 한 번 더 말했지만 세조 임금님은 꿈쩍도 하지 않았어. 그만큼 최호원과 안효례를 아꼈기 때문이지.

얼마 뒤 세조 임금님은 또 두 사람을 불러다 이야기를 들었어. 최호원과 안효례는 자기들이 활을 잘 쏜다고 자랑을 했지. 그러자 세조 임금님은 이렇게 말했어.

"그럼 한번 쏴 보아라."

두 사람의 실력은 그다지 뛰어나지는 않았어. 안효례만 겨우 몇 발을 맞추었을 뿐이었지.

세조 임금님은 허허 웃으며 안효례에게 상을 내렸어. 기분이 좋아진 두 사람은 또 세조 임금님 앞에서 이 이야기, 저 이야기를 했지. 그러다 문득 안효례가 최호원에게 이렇게 말했어.

"나는 귀신 따위는 하나도 안 무섭다."

그 이야기를 듣고 가만히 있을 최호원이 아니었지.

"네가 안 무서워하는데 내가 무서워할 것 같으냐?"

두 사람은 또 티격태격했어. 세조 임금님은 허허 웃더니 다른 신하를 불렀어. 세조 임금님이 그 신하와 이야기하는 동안에도 두 사람의 다툼은 끝나지 않았어.

마침내 세조 임금님이 두 사람에게 이렇게 말했어.

"사실 궁궐의 뒤뜰에는 귀신이 살고 있다. 너희가 귀신을 무서워하지 않는다니 내 시험을 해 보고 싶구나."

두 사람은 귀신이란 말에 깜짝 놀랐어. 하지만 이미 하나도 무섭지 않다고 말한 뒤였기에 아닌 척했지. 임금님이 두 사람을 보며 말을 이었어.

"자, 궁궐에서 쓰는 표식이다. 이것을 뒤뜰 곳곳에 놓아두고 와라."

밤이 깊었어. 밖은 캄캄했지. 두 사람은 조심조심 걸어 뒤뜰에 도착했어. 안효례가 겁을 먹었는지 작은 목소리로 말했어.

"네가 먼저 가라."

최호원도 작은 목소리로 속삭였어.

"하나도 안 무섭다며? 그러니까 네가 먼저 가라."

두 사람은 순서를 놓고 다투었어. 행여 귀신이라도

나올까 하여 큰 소리도 못 내고 조용조용 다투었지. 결국 안효례가 먼저 가는 걸로 결정이 났어. 안효례는 깊은 숨을 한 번 내쉬고는 뒤뜰 깊숙한 곳으로 갔어.

바로 그때, 귀신이 나타났어. 한 명도 아니고, 두 명도 아니고, 서너 명의 귀신이 한꺼번에 나타났어. 그냥 나타난 것도 아니고 무서운 소리를 내며 막대기 같은 것을 마구 휘두르며 귀신이 나타났어.

안효례는 어떻게 했을까?

"엄마야!"

그는 뒤도 보지 않고 뒤뜰을 빠져나왔어. 너무 놀라 표식을 놓을 생각은 하지도 못했지.

그렇다면 최호원은 어떻게 했을까? 최호원은 표식을 다 놓고서 천천히 뒤뜰을 빠져나왔어.

두 사람은 임금님에게로 갔어. 안효례의 손에는 표식이 있었고, 최호원의 손에는 표식이 없었어.

임금님은 최호원에게 물었어.

"너는 귀신이 무섭지 않았느냐?"

최호원이 웃으며 말했어.

"귀신 중에 제가 아는 이가 있더라고요."

그 말을 듣고 세조 임금님은 허허허 크게 웃었어. 최호원도 함께 웃었어. 웃지 않는 건 안효례뿐이었지. 안효례가 최호원에게 물었어.

"귀신 중에 아는 이가 있다니 무슨 말인가?"

최호원이 안효례의 머리를 쥐어박으며 말했어.

"아직도 모르겠는가? 그들은 귀신이 아니라 사람이야."

그제야 안효례는 어떻게 된 일인지를 깨달았어. 그러니까 세조 임금님이 장난을 친 거였어. 귀신이 무섭지 않다는 두 사람을 골려 주려고 뒤뜰에 귀신으로 분장한 사람들을 숨겨 놓았던 거야.

세조 임금님은 한참을 웃다가 두 사람에게 이렇게 말했대.

"이제들 알겠느냐? 세상에 귀신을 무서워하지 않는 사람은 없다."

이야기 속 역사 읽기

왜 세조 임금님 이야기에는 귀신이 자주 등장할까?

> 임금님이 안효례에게 물었다.
> "세상에서 두려운 것이 아무것도 없다고 했는데, 그렇다면 귀신이 있는 뒤뜰에 갈 수 있겠는가?"
> 안효례가 능히 갈 수 있다고 대답했다.
> 임금님은 표식을 주면서 말했다.
> "이 표식을 놓고 와라."
>
> 『조선왕조실록』 중에서

이 이야기를 읽고 나니 세조 임금님은 참 우스운 아저씨 같다는 생각이 들지? 그런데 과연 늘 성격 좋은 아저씨 같기만 했을까?

세조 임금님은 어떤 성격이었을까?

　세조 임금님은 신하들과 꽤 허물없이 친하게 지낸 임금님이었어. 신하들과 함께 춤을 추거나 노래 부른 적도 여러 번 있었지. 하지만 세조 임금님은 무서운 임금님이기도 했어. 변덕이 좀 심한 편이어서 기분이 나쁘면 신하들을 그 자리에서 벌주기도 했거든. 이 이야기에 나오는 최호원도 벼슬자리에서 쫓겨난 적이 있단다.

올바르지 못한 방법으로 임금님이 된 세조 임금님

　그건 그렇고 너희가 기억해야 할 것은 조선 임금님 중 귀신과 관련된 이야기가 가장 많은 임금님이 바로 세조 임금님이라는 거야. 왜 하필 세조 임금님이냐고? 그건 세조 임금님이 한 일과 관계가 있어.

　세조 임금님은 조카인 단종 임금님을 임금님 자리에서 몰아내고 자신이 임금님이 되었어. 나중에는 단종 임금님에게 사약도 내렸지. 또 단종 임금님 편을 드는 신하들을 여럿 죽이기도 했어. 그러니까 사람들이 보기에 세조 임금님은 올바르지 못한 방법으로 임금님이 되었던 거야.

앞에서도 말했지만 옛날 사람들은 임금님이 잘못을 하면 하늘에서 징조를 보여 준다고 믿었단다. 세조 임금님 이야기에 '귀신'이 자주 등장하는 것도 그래서야. 단종의 어머니인 현덕 왕후가 세조 임금님의 꿈에 나타난 이야기도 유명한 이야기 중의 하나야. 어떤 이야기냐고?

세조 임금님의 꿈에 현덕 왕후가 나타났는데 글쎄, 현덕 왕후가 세조 임금님의 얼굴에 침을 뱉으면서 저주를 했대. 꿈에서 깨어 일어나 보니 세조 임금님의 얼굴에 종기가 생겼고, 그 종기가 덧나는 바람에 결국 세조 임금님은 고통 속에서 죽었다고 해.

하지만 학자들의 연구 결과에 따르면 세조 임금님이 종기 때문에 죽지는 않았대. 그러니까 현덕 왕후가 등장하는 꿈은 세조 임금님의 행동이 옳지 않다고 여긴 이들이 만든 이야기인 거지.

세조 임금님은 정말 귀신이 무섭지 않았을까?

이렇게 보면 너희가 읽었던 이야기를 조금 다르게 생각해 볼 수도 있어. 세조 임금님이 실제로는 귀신을 무척 두려워했지만, 다른 이들에게는 그런 모습을 보이고 싶지 않아서 일부러 대담한 척 귀신을 만들어 장난까지 쳤다고 생각할 수도 있어. 너희 생각은 어떠니?

생각하는 역사왕

- 세조 임금님은 귀신에 대해 어떻게 생각했을까?

다섯 번째 이야기

성종 임금님은 귀신이 없다고 믿었대!

조선

조선의 성종 임금님은 매우 모범적인 임금님이었어.
공부도 열심히 했고, 나랏일도 게을리하지 않았고,
신하들과 의견을 잘 조율해서
나라를 잘 이끈 임금님이었지.
이렇듯 똑똑하고 훌륭했던 성종 임금님은
귀신에 대해 어떻게 생각했을까?
궁금하면 이제부터 하는 이야기를 잘 들어 봐.

성종 (1457~1494년)
조선 제9대 왕

　어느 날 성종 임금님은 신하들이 모여서 수군덕수군덕하는 것을 보았어. 신하들은 성종 임금님을 보고 서로 눈빛을 주고받았어. 그러고는 그중 한 명이 성종 임금님에게 다가와 말했어.
　"요즈음 한양에 귀신이 자주 나타난다고 합니다."
　성종 임금님은 신하들이 무엇을 말하려 하는지 금세 알아챘어. 며칠 전 궁궐 나무에 부엉이가 와서 울었어. 사람들은 부엉이가 나타나면 안 좋은 일이 생긴다고 믿었어. 그래서 부엉이를 어떻게 해서든 내

쫓아야 한다고 여겼지. 하지만 성종 임금님은 아무런 조치도 취하지 않았어.

성종 임금님이 아무 말도 하지 않자 신하들이 계속 말했어.

"영의정을 지낸 정창손의 집에도 귀신이 있다고 합니다."

성종 임금님은 고개를 끄덕이곤 물었어.

"그 귀신이 해를 끼쳤는가?"

"집 안의 물건을 이리저리 옮기며 장난을 친다고 합니다."

성종 임금님은 또 아무 말도 하지 않았어. 그러자 신하가 또 다른 예를 들었어.

"호조 좌랑의 집에도 여자 귀신이 있다고 합니다."

호조 좌랑 호조는 나라의 살림과 관련된 일들을 맡아서 하던 관청이에요. 좌랑은 중간에서 여러 일을 직접 맡아 하던 관리랍니다.

성종 임금님은 고개를 끄덕이곤 물었어.

"그 귀신이 해를 끼쳤는가?"

"대낮에 나타나 말도 하고 음식도 먹는다고 합니다. 귀신을 쫓는 의식을 치르는 걸 허락해 주십시오."

성종 임금님은 아무 말도 하지 않았어. 사실 성종 임금님은 귀신을 믿지 않았거든. 다행히 성종 임금님과 같은 생각을 하는 신하가 있었어. 그 신하가 나서서 말했지.

"제가 정창손의 집에 나타난 귀신에 대해 더 들은 말이 있습니다. 정창손의 부인이 너무 무서워 집을 옮기자고 했지만, 정창손은 고개를 저으며 괜찮다고 했답니다. 정창손의 부인이 죽을 수도 있다고 말하자 정창손은 내가 늙어서 죽으면 죽었지 귀신 때문에 죽는 것은 아니라고 했답니다."

"그래서 하고 싶은 말이 무엇이오?"

"귀신을 보아도 당황하지 않으면 아무런 해도 없다는 것이지요."

성종 임금님은 고개를 끄덕이며 말했어.

"맞는 말이오. 부엉이만 해도 그렇소. 부엉이가 나타나면 안 좋은 일이 생긴다는 말은 믿을 것이 못 되오. 부엉이는 그저 날아다니다가 잠깐 궁궐 나무에 앉았을 뿐이오."

신하 한 명이 조심스럽게 말했어.

"그래도 내쫓으심이 옳은 것 같습니다."

하지만 성종 임금님은 그러지 않아도 된다고 말을 했지. 몇몇 신하는 고개를 끄덕였지만 임금님의 말에 불만을 가진 신하들도 있었어. 성종 임금님은 아무 말도 하지 않았지만 그 신하들을 눈여겨보았어.

며칠 뒤 성종 임금님은 호조 좌랑을 불렀어. 그러고는 이렇게 말했어.

"집에 있다는 귀신 이야기를 해 보시오."

호조 좌랑은 처음에는 주저하는 것 같더니 이내 이야기를 시작했어.

"몇 달 전부터 귀신이 나타났습니다. 창문에 구멍을 내기도 하고 돌을 던지기도 합니다. 직접 본 종들 말에 의하면 여자 귀신이라고 합니다."

성종 임금님이 물었어.

"그대는 그 귀신을 본 적이 있소?"

호조 좌랑이 말끝을 흐렸어.

"저는 본 적이 없는데…… 제 아내와 종들이 보았다고……."

성종 임금님이 또 물었어.

"지금도 그 귀신이 있소?"

호조 좌랑이 또 말끝을 흐렸어.

"근래에는…… 본 적이…… 없습니다."

성종 임금님은 고개를 끄덕이고는 자신의 말에 불만을 가졌던 신하들을 유심히 보았지. 성종 임금님

은 아무 말도 하지 않았어. 하지만 속으로는 아마 이렇게 말했을 거야.

'이래도 귀신이 있다고 주장할 텐가?'

그런데 성종 임금님은 이렇게 말하고 끝냈대.

"그럼 이제 나랏일에 대해 말들을 좀 해 보시오. 귀신 이야기는 말고."

이야기 속 역사 읽기

성종 임금님은 왜 귀신을 믿지 않았을까?

성종 임금님이 말했다.
"부엉이는 세상에서 싫어하는 것이나 항상 궁중의 나무에서 우니, 무엇이 괴이하겠는가? 귀신은 오래 되면 저절로 없어진다."

『조선왕조실록』 중에서

"바르지 못한 도리를 퍼뜨리는 사람이니 한양에 들어오지 못하도록 해라. 사람들이 그에게 가서 이것저것 묻지도 못하게 해라."

『조선왕조실록』 중에서

성종 임금님은 어떤 사람이었을까?

　성종 임금님은 세조 임금님의 손자야. 그런데 세조 임금님과는 달라도 한참 다르지? 세조 임금님은 신하들과 친하게 지냈고 장난도 많이 쳤어. 풍수에도 관심이 많았지. 하지만 성종 임금님은 신하들에게도 예절을 갖추었고, 잘못된 행동에 대해서는 엄하게 다스렸지. 또 풍수 같은 학문에는 별 관심이 없었어.

성종 임금님은 귀신의 존재를 부정한 유교를 믿었어

　게다가 성종 임금님은 신하들이 '귀신'의 존재를 인정하고 두려워하는 것에 대해 굉장히 못마땅하게 여겼어. 왜냐하면 성종 임금님은 유교 공부를 많이 했기 때문이야. 조선이 유교 원리에 따라 다스려져야 한다고 굳게 믿었거든.

　유교를 믿는 이들이 존경하는 공자님은 괴이한 존재나 귀신에 대해서는 말도 하지 말라고 했어. 그래서 성종 임금님도 그런 태도를 취했던 거야. 한번은 이런 일도 있었어.

"충청도의 김영산이라는 사람이 요사스러운 말로 사람들을 홀리고 있다고 합니다."

임금님이 물었다.

"요사스럽다니, 무슨 말이냐?"

"자기 주변에 귀신이 있다고 합니다. 그래서 지난 일을 다 알 수 있다고 합니다."

임금님이 말했다.

"바르지 못한 도리를 퍼뜨리는 사람이니 한양에 들어오지 못하도록 해라."

귀신에 대한 성종 임금님의 태도가 정말로 단호했던 것을 알 수 있지?

성종 임금님은 부엉이에 대해서도 단호했어

마지막으로 부엉이 이야기 하나만 더 할게.

사람들은 부엉이를 두려워했어. 왜냐하면 부엉이가 나타나면 누군가 죽는다고 여겼기 때문이야. 임금님 중에도 부엉이를 무척 두려워했던 분이 있어. 태종 임금님이지. 태종 임금님은 부엉이가 나타나자 제사까지 지냈을 정도야.

그런 걸 보면 부엉이를 보고도 눈 하나 깜짝하지 않은 성종 임금님은 정말로 대단하지?

> 생각하는 역사왕
> - 호조 좌랑은 귀신이 있다고 생각했을까, 없다고 생각했을까?

역사 이야기를 좋아하는 아이들만 보는 역사 퀴즈

맞으면 O, 틀리면 X를 써 보아요.

1. 비형랑은 진평왕의 아들이다. ( )

2. 비형랑은 '귀신 다리'를 놓았다. ( )

3. 사람들은 의자왕을 '해동의 증자'라고 불렀다. ( )

4. 의자왕은 성충을 감옥에 가두었다. ( )

5. 손돌은 원나라의 첩자였다. ( )

6. 손돌은 바다에 돌을 던지라고 했다. ( )

7. 세조 임금님은 풍수를 좋아했다. ( )

8. 성종 임금님은 귀신 이야기를 좋아했다. ( )

9. 성종 임금님은 부엉이를 괴이하게 여겼다. ( )

엄마 아빠도 알고 있을까요?
한번 물어봐요!

정답은 뒤쪽에 있어요.

❓ 아직도 역사 공부가 더 하고 싶다면

1. 『삼국유사』에는 귀신 이야기가 많다. 그중 한 가지를 찾아 써 보자.

2. 국립민속박물관에 있는 '방상시탈'에 대해 조사해 보자.
    (직접 가 봐도 된다.)

3. 한 해의 마지막 날에는 집 안의 불을 모두 켜 놓는 풍습이 있었다. 그 이유를 조사해 보자.

4. 내가 아는 귀신 이야기를 써 보자.

 # 역사 용어 풀이

계백 백제의 장군이에요. 의자왕 때 신라와 당나라 연합군이 백제로 쳐들어오자, 황산벌에서 신라 장수 김유신과 싸우다가 목숨을 잃었어요.

『고려사』 조선 시대에 세종 때부터 편찬해서 문종 때 완성된, 고려 시대의 역사책이에요.

백강 금강 하류의 강으로, 백마강이라고도 해요.

탄현 지금의 대전과 충북 사이에 있던 고개 이름이에요.

백정 가축을 죽이는 일을 하는 사람이에요. 조선 시대에는 천민의 대우를 받았어요.

병조 판서 군사와 국방에 관한 일을 총괄하는 벼슬자리예요.

『삼국사기』 고려 인종 때 김부식이 왕명에 따라 펴낸 역사책이에요. 『삼국유사』와 더불어 우리나라에서 현재 전하는 역사책 중 가장 오래된 역사책이에요.

『승정원일기』 승정원은 조선 시대에 왕의 명령을 내리고 거둬들이는 일을 하던 곳이에요. 이곳에서 취급한 문서와 사건을 일기에 기록했는데, 그 내용이 상세하고 다양해서 조선 역사를 살피는 데 큰 역할을 하고 있어요. 2001년에 유네스코 세계 기록 유산으로 지정되었어요.

예불 절에서 부처님을 경배하고 모시는 의식을 말해요.

역사 용어가 어렵다고요? 보고 보고 또 보면 역사 용어와 친해질 수 있어요. 역사 용어를 알면 역사 이야기가 한층 더 흥미진진해지지요. 우리 함께 보면 볼수록 재미있는 역사 용어를 살펴볼까요?

유교 중국 공자의 가르침에서 시작된 도덕 사상인 유학을 종교적인 관점에서 이르는 말이에요. 나라에 대한 충성과 부모에 대한 효도를 중시하지요.

첩자 나라의 중요한 일을 다른 나라에 몰래 알려 주는 사람을 말해요.

풍수 집이나 무덤 등의 방향, 위치 등을 살펴 좋고 나쁨을 가리는 학문을 말해요.

이의민 무신 출신으로 십 년 넘게 고려의 권력을 쥐고 흔들었던 사람이에요.

호조 좌랑 호조는 나라의 살림과 관련된 일들을 맡아서 하던 관청이에요. 좌랑은 중간에서 여러 일을 직접 맡아 하던 관리랍니다.

집사 임금님을 모시며 자질구레한 일들을 하는 신라 시대의 벼슬자리를 말해요.

84쪽 역사 퀴즈 정답
1. X　　2. ○　　3. ○
4. ○　　5. X　　6. X
7. ○　　8. X　　9. X

국립중앙도서관 출판예정도서목록(CIP)

무섭지만 자꾸 듣고 싶은 역사 속 귀신 이야기
/ 글 : 설흔 ; 그림 : 권문희. ──고양 : 위즈덤하우스, 2015
p.   cm. ── (이야기 역사왕 ; 5)
ISBN 978-89-6247-634-7 74900 ￦9500
ISBN 978-89-6247-478-7(세트)

역사[歷史]
911-KDC6   CIP2015021827

무섭지만 자꾸 듣고 싶은 역사 속 귀신 이야기

초판 1쇄 인쇄 2015년 8월 15일 | **초판 1쇄 발행** 2015년 8월 25일

글 설흔 | **그림** 권문희
펴낸이 연준혁 | **스콜라 부문대표** 황현숙
스콜라 2부서 편집장 조진희 | **편집1팀** 김민정 | **디자인** 달·리크리에이티브
펴낸곳 ㈜위즈덤하우스 | **출판등록** 2000년 5월 23일 제13-1071호
주소 경기도 고양시 일산동구 정발산로 43-20 센트럴프라자 6층
전화 (031) 936-4000 | **팩스** (031) 903-3891
홈페이지 www.wisdomhouse.co.kr | **전자우편** scola@wisdomhouse.co.kr
스콜라카페 www.cafe.naver.com/scola1

ⓒ 설흔, 권문희 2015
ISBN 978-89-6247-634-7   74900 978-89-6247-478-7(세트)

저작권법에 의해 한국 내에서 보호를 받는 저작물이므로 무단 전재와 복제를 금합니다.
이 책 내용의 전부 또는 일부를 이용하려면 반드시 저작권자와 ㈜위즈덤하우스의 동의를 받아야 합니다.
* 잘못된 책은 바꿔 드립니다.   * 책값은 뒤표지에 있습니다.

스콜라는 ㈜위즈덤하우스의 아동·청소년 브랜드입니다.